할미새한테서 전화가 왔다

시에시선 **050**

할미새한테서 전화가 왔다

박희선 시집

詩와에세이

시인의 말

며칠 전에 입추가 지나갔다.
거만한 겨울이 지축을 울리면서 뒤따르고 있다.
내가 다스리는 작은 나라에 사는 푸른 목숨들은 서둘러 열매를 익히는 중이다.
지난여름은 얼마나 목마르고 그립고 뼈아팠던가.
땡볕 아래서 쇠스랑으로 밭을 갈고, 씨 뿌리고 거름을 주는 일, 무서운 병충해와 싸우면서 살아남았다.
잎이 떨어지고 눈보라가 칠 것이다.
삭막한 땅을 햇솜 같은 흰 눈이 덮어줄 것이다.
멍든 희망을 끌어안고 따뜻한 이불 속에서 다시 잠들 것이다.
겉보리 씨 한 바가지 부드러운 땅에 묻는다.
여기 거룩한 곳에 엉금엉금 기어 다니면서 아직도 살아 있음을 하느님께 알릴 것이다.
흰 눈밭에 파란 보리싹, 그 질긴 뿌리를 언 땅에 내리고 한 백 년만 더 살고 싶다.

2021년 가을
박희선

차례__

시인의 말 · 05

제1부

쌀 씻는 소리 · 13
가을마당 · 14
겨울밤, 빈 깡통 우는 소리 · 16
내 가슴속 금시계 · 18
눈 내리는 날은 · 20
할미꽃 · 21
감기에 대한 생각 · 22
감나무에 카세트 걸어두고 · 23
거울 앞에서 · 24
때 묻은 이름 · 26
소원 한 가지 · 28
매천리에서 1 · 30
빈 의자 하나 · 32
삼거리 주막 · 24
할미새한테서 전화가 왔다 · 36

제2부

비알밭에서 · 41
감나무 그늘에 누워 · 42
개비름꽃 · 43
고라니 영감님께 · 44
까치 영감댁 집들이 · 46
걷기운동 · 48
고요함에 대하여 · 50
그림자를 업고 · 51
들깨 타작 · 52
고구마밭에서 · 54
이팝나무 그늘 · 55
자갈논에서 1 · 56
자갈논에서 2 · 58
자두나무 두 그루 · 60
백운사 종소리 · 62

제3부

겨울밤 자정 · 67
그림자를 찾아서 · 68
내 등에 업혀라 · 70
두꺼비를 위하여 · 72
외로운 늑대 · 73
들고양이 한 마리 · 74
매천리에서 2 · 76
몽순이 집 앞에서 · 78
변명(辨明) · 79
열쇠 하나 · 80
진달래꽃은 언제 피나 · 82
자갈밭에 콩 심기 · 84
금곡동에서 · 85
내가 사랑하는 희망이 · 86
버리는 연습 · 88

제4부

살구나무 아래 · 93
내 고향은 · 94
백운동에서 · 96
봄밤 자정에는 · 98
족두리꽃 · 99
봉식 아제 결혼 · 100
산을 머리에 이고 · 102
『심청전』을 읽는 밤 · 104
왼손에 대하여 · 106
자갈논에서 3 · 108
찬비 내리는 아침 · 110
황간이용원에 가면 · 112
별 하나 · 114
쇠고기라면 · 116
중독 · 118

시인의 산문 · 119

제1부

쌀 씻는 소리

어둡고 추운 꿈속에서 첫닭이 울었다
허리 굽은 어머니가 일어나
가만가만 문고리를 더듬었다
가난한 봉당에서 어둠이 고인
차가운 검정 고무신을 찾아 신었다
부엌문을 살며시 밀고 들어가
깊고 무서운 쌀독에 얼굴을 묻었다
부잣집에서 품삯으로 미리 꾸어온
소두 한 말이 벌써 다 떨어져간다
오랜만에 쌀 씻는 소리가
먼 하늘에선 듯 들려왔다
오늘 아침은 쌀 씻는 소리가 오래 간다
누군가의 생일인가 보다
흰 쌀 씻는 소리는
언제나 맑고 부드럽고 깨끗했지만
보리쌀 씻는 소리는 온몸이 늘 꺼끄러웠다
허기진 날 맨발로
자갈밭을 밟는 소리가 났다

가을마당

외딴집 마당에는
맑고 밝은 가을 햇볕
들국화 향기,
절름발이 총각 주인은
김천 장에 콩 팔러 가고

마루 없는 토방엔
병든 강아지 한 마리
혼자 졸면서 집을 지키고,
늙은 감나무 그림자가
길게 누워 낮잠을 자네

녹슨 양철지붕 위에는
끝물로 딴 붉은 고추가 말라가고,
작은 멍석에는
며칠 전에 타작한
햇들깨가 한 말쯤 허옇게 널렸는데

배고픈 산비둘기 형제가
엄나무 잎새 뒤에 숨어서
꾸벅꾸벅 졸고 있는
병든 강아지
눈치만 살피고 있네

겨울밤, 빈 깡통 우는 소리

겨울밤
귀가 어두운 할머니가
두 귀를 사립문에 매달아놓고 졸고 계셨다
누군가 빨리 와서 빈 깡통을 흔들어주기를

작은 간이역에 군용열차가 내려간 지
벌써 두 시간이나 지났다
할머니의 귀가 점점 커져서
이번에는 쟁반만 하게 자랐다

지나가던 바람이 할머니의 잠을 깨우려고
빈 깡통을 몇 번 흔들어주었다
이번에는 솥뚜껑만 한 두 귀를 다시 매달았다

내 손자야 어서 와서
반짝이는 군홧발로 빈 깡통을 흔들어다오
무거운 잠에 매달린 내 두 귀를
그만 닫게 해다오

할머니 잠꼬대를
봉당에 자던 얼룩 강아지도 똑똑히 들었다

내 가슴속 금시계

내가 이 세상에 처음 왔을 때
어머니께서 금시계 하나
내 가슴 깊은 곳에
꼭꼭 숨겨두셨다고 말씀하셨다

기쁠 때보다는 슬플 때
딱 한 번만 꺼내어 보라고 하셨는데
그동안 먹고 사는 일이 바빠서
금시계를 깜박 잊고 살았다
올해는 감나무 잎도 병이 들고
잘 익어가던 벼가 태풍으로 쓰러지니
어머님의 금시계가 더욱 그리워졌다

내 가슴 깊이 묻어두셨다는데
며칠을 뒤져도 찾지 못했다
내 몸은 다섯 자 여섯 치
구십 여섯 근 구석구석 뒤져봐도
그분께서 주신 금시계는 찾을 수가 없었다

재깍재깍 금빛 소리만
지금도 내 귀에 또렷이 들리는데,
어머니께서 주민등록을 옮기신지
벌써 사십몇 년째
아무리 흔들어 깨워도 기척이 없으시다

눈 내리는 날은
―곶감 하나

눈 내리는 날은
따뜻한 아랫목에 앉아서
잘 익은 곶감이나 한 개 맛볼 일이다
지난가을 두 접 깎아서 처마 밑에 말렸는데
눈보라 찬바람에 맛있게 잘도 익었다
한 보름 더 있다가
아버님 제사상에 먼저 올리고
처음 맛보려고 벼르고 있었는데
뒷산 어치들이 먼저 와서 단맛을 보고 갔다
어치들도 곶감 맛이 좋은가
온 산천이 눈 속에 잠겼으니 먹을 것이 귀할 때다
웃으면서 모른 체했다
내일은 폭설이 쏟아진다는 예보
곶감이 제일 맛있을 때다
설날도 가까워졌으니 멀리 있는 친구들에게
한 갑씩 택배로 보내볼까
하얀 곶감 분과 흰 눈을 묻혀서
거기에다 내 마음까지 얹어서

할미꽃

담 밑에 할미꽃이 한 뼘은 자랐다
어머니가 보고 싶을 때 보려고
몇 해 전에 산소에서 모셔왔다

혼자 외로울까 봐
어머니 좋아하시던 석류나무 한 그루
가까이 심었다
어제는 온종일 따뜻한 해동비가 내리더니
아침에는 가는 가지에서
참새 혓바닥만 한 잎을 내밀었다

할미꽃과 어린 석류나무가
서로 처음 인사를 나누는데
옆에서 봐도 어딘가 많이 어색해 보였다
서로 부끄러워하는 것 같았다
만약 어머니가 이 광경을 보신다면
몹시 기뻐하셨을 것이다

감기에 대한 생각

평소에 나는 내 몸한테
어떻게 했던가
가난하고 힘없다고
꼬집고 구박하지는 않았던가

언제나 먹을 것만 기다리는
깊은 목 안은 따갑고
기침 소리는 천둥소리보다 크다

온몸은 참나무 숯불

한 번만이라도 뜨겁게 안아달라고
첫사랑의 반만큼이라도
사랑해달라고 통사정을 한다

감나무에 카세트 걸어두고

감나무 가지에 카세트 하나 걸어두고
감자밭 장만하는데

젊은 감나무는 여가수의 목소리에 빠져
잎 새 한 장 흔들리지 않는다

쇠스랑으로 흙덩이를 깨우고
꽃 피는 봄을 파내다가
감나무와 카세트가 속삭이는 소리를
몰래 숨어서 들었다

늙은 자두나무에서
손자와 함께 사는 딱새 과부가
「흑산도 아가씨」를 따라 부르는
어느 봄날 아침이었다

거울 앞에서
—자화상

거울 앞에 섰다

거울에 비친 저 얼굴은
어디선가 많이 보던 얼굴
내가 먼저 거울 속의
사나이를 향하여 인사를 건넸다

형씨, 어디선가 안면이 많습니다

거울 속의 얼굴도
여러 번 만난 얼굴 같다고 반가워했다
고향이 어디냐고 물었더니
경북 상주시 무슨 면이라고 하는데
나와 고향이 똑같았다
나이가 몇이냐고 물었더니
경진생 용띠란다
나와 생일도 한날이었다

지금 어디에 사느냐고 물었더니
충청도 땅 어디에서
비알밭이나 일구면서 산다고
긴 목을 움츠리었다

얼굴이 왜 그렇게 구겨졌느냐고
우스개 삼아 물었더니
잘 알면서 그런 것까지 다 묻느냐고
먼 산을 바라보았다

한 번 더 열심히 살아보자고
서로 악수까지 나누는데,
두 사나이의 더운 피가 몸 구석구석까지
건너오고 또 건너가는데
몹시 따뜻하였다

때 묻은 이름

아침저녁으로 세수를 하고
누런 이를 닦으면서
내 이름은
한 번도 닦아준 기억이 없다

이 세상에 처음 올 때
내 이마에 붙여주신
은수저처럼 빛나던 이름
비알밭에서 한평생 땅이나 일구면서
산짐승과 숨어서 살다 보니

녹슬고 버려진 이름
오늘은 눈부신 태양 아래서
내 이름 석 자를 닦는다
긴 세월 더렵혀진 이름이라
비눗물로 씻고 수세미로 문질러 보지만
내 이름에 묻은 묵은 때는 벗길 수가 없다

누군가 내 이름을 불러다오
이름 위에 묻은 때가 벗겨질 때까지
못난 사람의 귀한 이름
한 번이라도 사랑한다고
내 이름을 한 번만 불러다오

소원 한 가지

내 마지막 소원은
누군가로부터
당신을 사랑합니다,
황홀한 그 말 한마디를 들어보는 일이었다

지금까지 살아오면서
사랑이란 말 한마디 못 듣고 살았으니
내 인생은 언제나 목마른 사막이었다

기름지고 향기로운 그 말 한마디 못 들어보고
지금까지 어떻게 살아왔을까
눈 내리는 날 곰곰이 생각해보니
내 욕심이 너무 깊었다는 걸
이제야 알게 되었다

왜 내가 먼저 그 사람에게
당신을 사랑합니다,
조용히 말하지 못했을까

그 사람이 아파 누워 있을 때
그 사람의 그림자라도
한번 업어준 적이 있었던가

매천리에서 1

오랜만에
서러운 곳 매천리에 갔었네

초등학교에서 고등학교 졸업할 때까지
어렵게 살던 곳
수업료가 미납되어 선생님한테 쫓겨나면
바위보다 무거운 책가방 들고 숨어 숨어서
집으로 돌아올 때도 참 많았네
많은 식구에 양식이 떨어지면
아버지 명함 한 장 들고
읍내 쌀집을 찾아갔지
모래 같은 쌀 한 자루 어깨에 메고
죄인처럼 고개 숙이고 돌아오기도 했었네

머리가 허옇게 쉬어 다시 찾아갔더니
비가 새던 초가삼간은 어디에 숨었나
부끄러운지 찾을 수가 없었네
가난한 사람들만 모여 살던 곳

이제는 아파트가 높이 올라가고
법원 검찰청 읍사무소 보건소까지 들어서서
서로서로 키 자랑
힘자랑까지 하는가

혹시나 아는 사람이라도 만나면 어쩌나
땅만 보고 걷다가 도망쳐 나오는데
내가 온 줄을 어떻게 알았을까
어디서 본 듯한 열아홉 소년이
내 이름을 부르면서 자꾸만 따라오고 있었네

빈 의자 하나

오래된 등나무 밑에
절름발이 의자 하나
저 혼자서 늙어갔다

가을이면 길 잃은 낙엽들이
의자 위에서 밤새도록
새우잠을 자다가 떠나기도 했다

곧 흰 눈이 내릴 것이다
살아 있는 것들은 모두
먼 곳으로 떠나갈 것이다
그 사람을 기다리다 지친 의자는
다리가 저리고 몸살까지 날 것이다
맨 처음 이 등나무 밑에
새 의자를 마련해두고
멀리 가버린 사람은 누구였을까

싸락눈이 내리는 퇴근길

뼈만 앙상하게 남은 의자 하나가
아픈 다리를 절름거리면서
바쁜 사람들 앞길을 막았다

눈 내린 날 등나무 밑에 가면
붉은 기침을 하는 의자 하나를
언제나 만날 수 있었다

삼거리 주막

등짐으로 먹고 살던 아버지는 부잣집 상머슴
일 년 세경과 장리쌀로
참새 새끼들 입에 풀칠을 하시느라 바쁘셨지
비 내리는 날이면
억울한 마을 사람들만 모여 앉은
삼거리 주막
무엇이 그렇게 억울했을까
아무도 입으로는 말하지 않았지
둥둥둥 빈 가슴을 혼자 두드리었지
그 옆에 앉은 우리들은
말은 안 해도 금방 알아들을 수 있었지
한 되 두 되 마시다 보면
어느새 옆에는 아가씨들도 함께 앉아
찌그러진 주전자 운전을 해주었지
슬픈 유행가로 몇 굽이 넘어가고
술맛을 돋우고 가슴을 달래는데,
별로 예쁘지도 않은 아가씨들 젓가락 장단에
삼거리 주막집 옻칠상이 다 벗겨졌었지

동백아가씨들은 촌놈들 니나노판까지 찾아와서
왜 그토록 서럽게 울었을까
주모를 향하여 빈 주전자를 넘기면
찌그러진 주전자에 술 반 물 반 채워
반질반질한 문지방을 금방 넘어왔었지
다 알면서도 아무도 따지지 않았지
너도 잘 알잖아 그땐 정말이지
맨정신으로는 살 수가 없었지
엿 같은 세상이 자꾸만 술을 마시게 했었지
본정신으로는 못 살아서
취하고 또 취해야 했었지
엉터리 같은 세월이 나를 취하게 했었지
슬픔도 오래 묵으니 술맛이 좋구나
아름다운 추억이 되는구나
뜨거운 눈물이 되는구나

할미새한테서 전화가 왔다

늙은 소나무에 세 들어 사는
할미새 할미한테서
아침 일찍 전화가 왔다

집안에 무슨 일이라도 있느냐
왜 보름째나 밭에 올라오지 않느냐
몹시 궁금해서 전화를 했단다
아내가 몸이 안 좋다고 했더니
지난봄에 큰 수술한 곳이
지금도 많이 아프냐고 되물었다

감나무와 호두나무 대추나무들
고라니와 멧돼지,
곤줄박이와 콩새 산비둘기까지도
내가 보고 싶어 모두 안달이 났다고
하얀 거짓말까지 보탰다

우리 보리밭은 잘 있느냐고 물었더니

며칠 전에 고라니 큰삼촌이 돌아가셔서
온 집안이 조용히 보낸다고 말했다

지난 장날부터 호두나무 옆에
도라지꽃들이 만발했는데
자기는 보랏빛 꽃보다
흰 꽃이 더 예쁘다면서 혼자 웃었다

제2부

비알밭에서

산중 비알밭에
호박 모종을 네 군데 심었다
정성껏 심어놓고
흙 묻은 손을 모아 합장까지 했다

하느님께
이 어린 모종을 살펴주시라고
열 번 말씀 올리고
고라니 할멈한테
망나니 손자 잘 타일러 달라고
신신당부를 했다

어린 호박넝쿨이
두 발 뻗을 때까진
근처에 얼씬도 못하게 하겠다고
약속까지 단단히 받아냈다

감나무 그늘에 누워

흰 구름은 높이 있고 반짝이는 이름도 없네
평당 이삼만 원하는 자갈논 서 마지기와
비탈진 감자밭 하나뿐

모레쯤 아내가 퇴원하면
햇감자를 캐기로 했는데
가난한 멧돼지 가족들이
어젯밤 달빛 아래 먼저 더듬다가 갔네

얼마나 허기가 졌으면

빈 삼태기 베개 삼아
감나무 그늘에 누웠으니
소나무 푸른 바람이
내 이마에 묻은 시름을 닦아주고 가네

개비름꽃

참깨밭에 난 잡초를 삽괭이로 긁는데
손톱만 한 노란 꽃들이 눈에 밟힌다

처음 보는 꽃은 아닌데
어디선가 많이 보던 얼굴인데
난생 처음인 것처럼 조용히 웃고 있다

자주색 치마에 노란 저고리
무엇이 저렇게 즐거울까
삽괭이를 들고 선 채 한참을 생각해본다

깊은 산 비알밭까지 유배를 온 것일까
무슨 말 못할 사연이 있었을까
말은 안 하고 자꾸 웃기만 하는데

고라니 영감님께

우리 밭 건너편에 사시는 고라니 영감님
제가 잘못했습니다
너무나 죄송해서 몸 둘 바를 모르겠습니다

보리밭 한 귀퉁이를 조금 뜯어먹는 짐승이
영감님의 손자인 줄도 모르고
급한 마음에 돌멩이를 하나 던졌는데
눈 없는 돌멩이가 영감님의 손자
오른쪽 뒷다리를 다치게 했습니다

인정머리 없는 두 발 짐승이라고
저를 원망하신다는 소문도 들었습니다

지난겨울엔 눈이 정말 많이 왔지요
식솔들이 많은 영감님 댁에
양식이 달랑달랑한다는 소문이
마을 골목에 저녁연기처럼 번졌지요
손자가 얼마나 배가 고팠으면

보리밭에 들어갔을까요

앞뒤 가릴 줄 모르는 제가
한쪽 다리를 절게 했으니
초저녁에 겉보리 두 말
큰 참나무 밑에 숨겨두었습니다
부디 용서하시고
노여움 푸시기 바랍니다

까치 영감댁 집들이

까치 영감한테서
콩새 총각 편에 기별 왔다
저녁에 집들이를 하는데 안 바쁘면 와서
도라지 술맛도 보면서 놀다가란다
마을회관 앞에 서 있는
높은 전봇대에 세 들어 살던 까치 영감이었다

새로 지은 오두막집은
높은 미루나무 위에 있었는데
초승달 램프까지 매달아 몹시 밝았다
거울 한 개 사들고
부엉이마을 까치네 골목을 찾아갔다
처음 보는 거울을 보고
내일 시집을 간다는 꾀꼬리 처녀가 찾아와서
눈썹과 머리 손질을 하고 간 뒤
굴뚝새 부인 와서 제 얼굴에 묻은 그름을 씻었다

콩새 가족과 박새 내외

할미새 손자도 먼저 와 있었는데
산초 열매를 먹느라고 나를 못 본체했다
나는 안면이 있는 비둘기 부부 옆에 앉아서
올해 포도농사 이야기를 하다가
농약값이 너무 비싸다고 투덜거렸다

집들이는 하늘에 초승달 램프가 꺼지자
모두 끝이 났다
오랜만에 얻어 마신 도라지 술에
발걸음이 조금씩 비틀거렸다
까치 영감이
옻나무 둠벙까지 배웅해주었다

걷기운동

매일매일 걷습니다
돈 안 들고
가장 쉽다는 걷기운동입니다
아프면 너무나 번거롭습니다
병원에 돈도 갖다 바쳐야 하고
사랑하는 가족들에게 걱정도 끼칩니다

하루 목표는 5천보 이상인데
요새는 성적이 좋아서
6천보 이상 걸을 때도 있습니다
둑길에서 멧새들을 만나고
얼음 위에서 먹을 것을 구하는
나처럼 바보 같은 왜가리도 만납니다

점심을 먹자마자
대문을 나서는데 몸이 또 엄살을 부립니다
날씨도 쌀쌀하고 미세먼지도 나쁨인데
오늘 하루만 쉬자고 사정을 합니다

억지로 한 시간 정도 다녀왔는데
등엔 땀이 흐르고 난닝구가 다 젖었습니다

저녁때부터 둘 다 목이 칼칼하고
열이 나기 시작합니다
마음이 몸의 눈치를 살핍니다
마음이 몸한테 미안한 생각이 듭니다
몸의 이마에 손을 얹어봅니다

고요함에 대하여

내 생일이라고 내려왔던 막내아들 식구들이
하룻밤 자고 서울로 올라갔다

세 식구가 묵고 떠난 사랑방을 청소하려는데
그들이 베고 잤던 베개 속에서
숨 쉬는 소리가 아직도 들려왔다
늙은 소나무가
산비둘기 새끼 잠재우는 바람 소리 같았다
벗어던진 기저귀에도
손자의 울음소리가 조금 묻어 있었다

빈방을 하룻밤 지키다 떠난 갓난아기 울음소리에
쓸어져가던 외양간이 다시 살아나고
텅 비었던 구유를 핥고 있는 늙은 암소의
어린 송아지 부르는 소리도 애절했다

어린 손자의 황금빛 울음소리가
얼마나 힘이 센지를 이제야 알게 되었다

그림자를 업고

그림자를 업고 빈 골목으로 돌아오네
어두운 뱃속에서 배고픈 왜가리 한 마리
큰 소리로 울고 있었네

아무리 생각해도
내 그림자는 너무나 가벼워
빈 지게를 지고 가는 것 같았네

그림자 토방에 눕히고
때가 묻은 목침을 베어주는데
온몸이 생선 비린내에 젖었네

부러진 날개가 있던 자리
사랑하는 그림자 겨드랑 밑에서
아카시아꽃 냄새가 나고
뜨거운 심장이 열심히 뛰고 있었네

들깨 타작

이른 아침 산중 비알밭에서
아내와 함께 들깨 타작을 시작했다
어제 만들어놓은 타작마당에
청 멍석 한 장 펴놓고
잘 마른 깻대를 나란히 눕혔다

도리깨로 죄 없는 깻대를 두드리는데
동헌에 끌려나와 매를 맞는 춘향이 꼴이다
깨알 다 쏟아놓고 누운 깻대가
기절한 춘향이처럼 가련했다
뒤집어 다시 한 번 더 두드리니
더 이상 뱉어낼 것이 없다고
당신 마음대로 하란다

거름기 없는 돌 자갈밭
들깨 모를 꽂아 놓기만 해도
저 혼자 잘 산다는 들깨 농사짓기가
제일 편하다고 하지만

금방이라고 비가 올 것만 같아
마음 급하게 들깨를 퍼 담는데
비 들어온다 빨리 내려가거라
참나무 위에서 배고픈
산비둘기들이 시끄럽게 울었다

고구마밭에서

아내와 함께 엉덩이 의자 매달고
고구마밭에 앉았는데
지나가는 사람들마다
고구마 넝쿨이 저렇게 무성하면
땅속에는 고구마가 적게 열릴 텐데
걱정을 했다

건너편 삼식 씨 고구마밭에는
배고픈 멧돼지들이 벌써
두 번이나 다녀갔다는데
아직 우리 밭은 조용했다

멧돼지 할미가
이 집에는 식구가 대식구라고
그냥 지나가자고 하더란다
어린 새끼들이 고구마밭만 쳐다봐도
야단까지 치더라고
나와 친한 들고양이가 말해주었다

이팝나무 그늘

오늘은 우리 동네 부잣집 모심는 날
푸른 논둑 위에 부잣집 가마솥만 한
이팝나무 한 그루 며칠 전부터 끓고 있다

아지랑이 속으로 따뜻한 쌀밥 냄새가
하얀 김으로 피어오른다
저 밥 열 그릇만 배부르게 먹고
이팝나무 그늘에서 며칠만 죽었다가
다시 살아났으면

외딴집 검은 장닭이
두 번을 울어야만 점심을 먹는데
뱃속에서 성난 산개구리가 먼저 운다
벼슬이 아름다운 검은 닭아
어디에서 낮잠을 자는 것이냐
바늘로 찌르는 아픔이
허리에 감겨 떨어지질 않는다

자갈논에서 1
—타작하는 날

누런 벼 이삭 위에 이슬이 마르자
며칠 굶은 공룡 한 마리가
자갈논으로 엉금엉금 들어섰다

태풍에 쓰러져 누운 벼 포기들이
논바닥에 엎드린 채 무서워서 떨었다
잠깐 사이에 공룡이
두 마지기 벼농사를 모두 삼켜버리고
볏짚만 논바닥에 소복하게 쌓아놓고 나갔다

공룡이 먹었던 벼 알을
톤 백 자루에 모두 쏟아붓는데
메뚜기의 얇은 날개가 가을 햇빛에 반짝이고,
벼를 묶어세우던 허리도
자갈논에 와서 울던 왜가리 울음도
늙은 트럭이 싣고 산모리를 돌아갔다

자갈논 지키느라 고생한 들쥐 할멈에게

햇나락 두 말을 꼭 갚아야 하는데
우리 할멈 무릎 수술비가 급해서
깜박 잊고 말았다

자갈논에서 2
—부엉이 영감

한밤중인데 비석골에 사는
부엉이 영감한테서 전화가 왔다
초저녁부터 소나기가 억수로 퍼붓더니
산골짝 물이 여간 아니란다
빨리 올라와서 논둑 단속하고 가란다
보리타작 끝내고 곤히 잠든 몸을
흔들어 깨웠으나 소용이 없었다

마음이 비를 맞으면서
마을 뒤 천봉답으로 올라갔는데
먼저 와 땀 흘리는 몸을 만났다
마음이 모르는 지름길로 먼저 와서
터진 물꼬를 막고 큰 돌로 누르고 있었다
마음도 돌 하나를 들어 보태보는데
너무나 무겁고 힘이 들었다

아침에는 아픈 허리 때문에
몸과 마음이 심하게 싸웠었다

산골 비도 그치고 기운 좋은 몸이
허약한 마음을 업고 돌아오는데
산뽕나무 위에서 잘한다 잘한다
부엉이 영감 손뼉 치는 소리가
오랫동안 들려왔다

자두나무 두 그루

산중 비알밭에
자두나무 두 그루가 서로 의지하며
친자매처럼 살았다

물오른 통통한 가지에
흰 꽃만 피고 열매가 안 달리는
불쌍한 벙어리 나무였다

아내는 자두꽃 피는 봄만 오면
열매도 안 달리는 바보 나무라고
그만 베어버리자고
해마다 몇 번씩 보챘다

깊은 산중이라 너무 멀어서
기다리는 벌들이 못 온다고
아무리 설명을 해주어도 귀머거리였다

오늘 낮에도 큰마음 먹고 등 뒤에

무서운 톱을 숨기고 다가갔다가
자두나무 자매끼리
깔깔깔 웃는 소리에 놀라
그만 뒤돌아서고 말았다

백운사 종소리

마을 뒷산에는
대웅전에 단청도 못 입힌
절 한 채 살고 있었다

키 작은 여승 한 분 부처님을 모시는데
겨울이면 방안 물그릇에 얼음이 두꺼웠다
엄동설한에 어떻게 지내시는지
집에서 오 리밖에 안 되는데
한번 찾아가는 일이
세상처럼 험하고도 멀었다

새벽부터 함박눈이 빈 뜨락에 한 자나 쌓이는데
백운사 종소리가 맨발로 흰 눈을 밟으면서
가난한 사람들만 사는 마을로 내려오셨다
그 뒤엔 낡은 털신을 신은 스님이 뒤따르시는데

마을 사람들이
스님께서 양말도 안 신으셨다고 걱정을 했다

털신 바닥에 종소리를 깔아서
무척 따뜻하다면서
스님은 혼자서 환하게 웃으셨다

제3부

겨울밤 자정

엄동설한 긴긴밤 자리끼가 꽁꽁 얼었다
먼지 묻은 벽에 붙어사는 늙은 벽시계가 숨이 차다
목숨이 칡넝쿨보다 질기다

나는 일 년에 쌀 한 가마니를 먹어야 사는데
저 벽시계는 내 손가락보다 가는 건전지 하나로
험한 세상 일 년을 산다

나는 먹을 것을 찾아 진눈깨비 질척거리는
시장을 뒤지고 다니는 늙은 늑대

새벽에는 멧돼지 아버지가
아침 양식을 구하여 마을에 내려오다가
승용차에 치여 돌아가시었다
딸린 식구가 다섯이나 된다는 이야기를
문상 온 부엉이 영감한테 들었다

그림자를 찾아서

가로등 밑에 누워 있던 내 그림자가
발걸음 소리에 눈을 떴네
엉금엉금 기어오는데
두 손에 얼음이 박혀 있었네

왜 이렇게 늦었느냐고 내게 물었네

나를 벗어놓고 가버린 지가
오늘이 꼭 닷새째
비 그친 뒤 레인 코트 벗어 던지듯
이곳에 벗어놓고 가시더니
한 번도 안 보고 싶었느냐고

세상에서 제일 추운 곳
나는 내 그림자에게
미안하다고 사과까지 했네
사는 일 때문에 며칠 잊고 살았다고
거짓말까지 해야 했네

내가 그림자에게
배가 고프지 않느냐고 물었네
가까운 중국집에 따뜻한 등불이
아직도 우리를 기다리고 있었네

내 등에 업혀라

이제 오느냐, 많이 힘들었지
오늘따라 발걸음이
쇠신처럼 무거워 보이는구나
어서, 애비 등에 업혀라
그래 저녁은 먹었느냐,
네 그림자가 춥고 작아 보이는구나
무슨 가슴 아픈 일이라도 있었더냐
왜 이렇게 가벼운 것이냐
네 가슴속에 심은 사과나무는
지금도 잘 자라고 있겠지
푸른 사과들은 아직도 성성하겠지
도대체 희망이란 놈은
어디에 숨어서, 어디에 숨어서
코끝도 안 보이는 것이냐
다 와 간다 조금만 기다려라
저기 언덕 위
높은 사람 사는 이층집 밑에
죄인처럼 납작 엎드린 함석집이 우리 집이다

가난한 등불은 살아서 따뜻하구나
가쁜 숨을 몰아쉬면서
가물거리는구나

두꺼비를 위하여

한여름 대낮 봉선화 그늘에
깨어진 똥장군 밑에 사는
두꺼비 내외가 누워 있었다

멀리서 꽃구경 오느라 고단했다

오늘따라 야속하게도
그리웠던 봉선화꽃이 너무 높게 피어 있다
고개를 아무리 높이 쳐들어도
봉선화 얼굴을 자세히 볼 수가 없다

지나가던 나그네 바람이 이 사정을 어떻게 알고
꽃대를 한참동안 흔들어주고 지나갔다

저녁 무렵
봉선화 꽃잎이 두텁게 깔린 곳을
전신으로 기어간 두 줄기 몸 자국이
너무나 깊어서 슬펐다

외로운 늑대

가을밤 자정
나는 눈먼 시계한테 어디론가 끌려가고 있네
시계 초침 따라 숨을 쉬고
분침이 시키는 대로 팔다리를 움직였네
아침저녁으로 처마 밑에는 낙엽들이 쌓이고
발가벗은 나무들은 두 팔을 벌리고 서서 잤네
전쟁터에서 붙잡힌 포로들
그들이 벗어놓은 비늘을 쓸어 모아
마당에서 미련 없이 태워야 했네
짐승 태우는 냄새보다 구수하고 깨끗해서 좋았네
내 마당에 서 있는 나무들은 외로운 성자
나는 그 밑에 꿇어앉은 죄 많은 짐승
눈먼 시계에 끌려가는
외로운 늑대였다네

들고양이 한 마리

먼 오 리나 되는 산중 밭에
거름자리 하나 마련하고
집에서 나온 음식 쓰레기를
좋은 거름 되라고 그곳에다 모았다

어디선가 음식 냄새를 맡고
누런 들고양이 한 마리가 찾아왔는데
느릿느릿한 걸음걸이에
아랫배가 축 늘어져 있었다

물 한 방울 나지 않는 이 산중에서
어떻게 살아가는지

내가 가까이 다가가도
아예 도망갈 생각을 안 했다
늙은 밭주인은 매일같이
상한 음식을 갖다버릴 때마다
들고양이한테 미안한 생각이 자꾸만 들고

상한 음식 먹고 배탈 나면 안 되는데

하늘을 살피는 버릇도 하나 더 늘었다
높은 곳에서 누군가
내려다보고 계시는 것은 아닌지
은근히 겁이 나기 시작했다

매천리에서 2

비가 내리는 날
아니, 비가 오시는 날
옛날에 내가 살던 매천리에 갔지
나이 많은 친구들이 모여앉아
소주 한 병에 사이다 두 병 시켜놓고
슬픈 이야기들을 웃으면서 주고받았지
포도농사를 오래짓던 내 단짝은
허리를 다쳐 복대를 감고 앉아 있고
또 다른 친구들은 나라 걱정까지 하는데
구겨진 얼굴이 모두 정답기만 했지
호적부에 붉은 줄이 쳐진 친구들이
벌써 열 손가락도 모자랐지
살아 있다는 게 바보처럼 즐거웠지
식당 건너편에는 군 보건소가 있고
그 맞은편에는 노인복지관이 있는데
옛날 옛날에 우리 초가집이
혼자 앉아서 울던 자리지
어느 비 오는 날은

다 떨어진 운동화가 성가셔서
맨발로 학교엘 가기도 했었지
왜 하필이면 오늘같이 기분 좋은 날
그때 생각이 슬며시 고개를 내미는지
매천리에 비가 내리네
아니, 매천리에 비가 오시네
내가 가난해서 죽도록 그리웠던 곳
십 년 백 년 뒤에도 내 꿈속에
비가 내렸으면 좋겠네

몽순이 집 앞에서

내가 사랑하는 몽순이
그녀의 오막살이집은 늙은 감나무 밑에 있다
그녀가 아직 돌아오지 않은 빈집 지붕 위에
초승달이 궁금해서 먼저 마중을 나왔다
심술궂은 바람이 찾아와서
가난한 부엌문을 몇 번이나 흔들고 갔다
따뜻한 방안에서 내다보면
방문 없는 집에 사는 그녀에게
나는 매일같이 작은 죄를 짓는다
내 일상이 너무나 사치스러워
하느님께 종아리를 맞을 것이다
오늘 밤은 몽순이 옆에서 자야겠다
긴긴밤 복사꽃 꿈을 반죽하는
그녀 옆에 앉아서 내 체온을 조금이라도 보태야 한다
내게서 두 발 짐승 냄새가 나서 싫다고 하면
고드름 무거운 그녀의 집 처마 밑에서
두 무릎을 꿇고 앉아
부엉이 우는 밤을 새워야 한다

변명(辨明)
—시가 쓰여지지 않는 이유

하얀 쌀밥에 따뜻한 소고기국 한 그릇
배가 부르니까 시가 쓰여지지 않는다
너무 편안해도 시가 쓰여지지 않는다
옛사랑의 등불이 꺼진 지 이미 오래
시가 자꾸만 멀어져 간다

눈보라가 치고 얼음이 얼어야
시가 쓰여질 것 같다
내 사랑이 한 오백 년은 아파야만
시 한 편 쓰여질 것 같다
밤새도록 꽁꽁 얼어붙은
푸른 잉크를 입김으로 녹이며
시를 쓰던 그 시절엔
어떻게 시가 함박눈처럼 펑펑 쏟아졌을까
이제야 어슴푸레 알 것만 같은데
언제쯤 차가운 땅 위에
장미꽃 한 송이 피울 수 있을까
눈부신 해가 점점 짧아지는데

열쇠 하나

열쇠 하나 가졌으면 나만 아는 금고 안에
깨끗한 돈 십억 정도 감춰두었다가
함박눈 내리는 날을 받아
동서남북 배고픈 귀신들에게
짜장면 한 그릇씩 대접했으면

진달래꽃이 다 지기 전에
열쇠 하나 있었으면,
열쇠를 가지기 전에 내게도
먼저 중요한 비밀이 있어야 하는데
무슨 비밀을 만들면 좋을까

내 첫사랑의 그림자가
오른쪽 절름발이였다는 사실이
엄청난 비밀이 될 수 있을까
그녀의 분홍빛 가방을 훔쳐
비밀 금고에 넣고 꼭꼭 잠글까
그녀가 나를 찾아와서

그림자와 가방을 돌려달라고 사정을 한다면
열쇠를 잃어버렸다고 하얀 거짓말을 해야지

남들은 열쇠를 두 개 세 개
많은 사람은 열 개씩도 가지고 있다는데
나는 녹슨 열쇠 하나도 없네
감추고 도둑맞을 것이 없으니
하느님도 모르는 비밀번호 하나
먼저 만들어놓고
함박눈이 쏟아지는 오늘 밤에는
황금 열쇠 하나 만들어 봐야지

진달래꽃은 언제 피나

병약한 아내와 함께
둑길을 따라 한참을 걸었다
둑길 밑 갈대숲에 사는 들새들이
아내를 보더니 몹시 반가워했다
앞뒤로 따라오면서 그동안의 안부를 물었다
편찮으시단 소문을 벌써 들었지만
사는 일이 바빠서 못 찾아 뵈었다고
미안하다고 몇 번이나 인사를 했다
한참 걸었더니 내 등에는 땀이 흐르고
아내는 숨이 찬 얼굴
걸음걸이도 무거워 보였다
병원에 가서 오만 원짜리 영양주사라도
한 대 맞고 오자고 며칠 전부터 사정을 했지만
아내는 번번이 고개를 가로저었다
뒷산에 진달래꽃이 필 때쯤이면
기운을 차릴 수 있다고 했다
축 처진 아내의 어깨 위에
봄날 맑고 밝은 햇빛이 반짝거렸다

봇물 위에 두꺼운 얼음도 거의 다 녹았다
이제 그만 산수유꽃이나 피고
진달래꽃도 빨리 피었으면 좋겠다고 말했다

자갈밭에 콩 심기

사방이
참나무로 둘러싸인 비알밭
흰 콩 씨 한 사발
자갈밭에 심는다

산비둘기 할머니
김천 장에 고사리 팔러 가고 없을 때
물 한 모금 주고
콩 씨를 숨긴다

할머니가 탄 버스가
물 맑은 기날못을 지나
지금쯤 쾌방령 고개를 오르고 있겠지
급해지는 마음에
콩 씨도 숨이 차는지 울먹이고 있다

금곡동에서

경기도 남양주시 금곡동 남양주시청 뒤
낡은 연립주택 한림타운

그곳 일 층에는
오랫동안 당뇨병을 앓으시는
손위 동서되는 분이 사시는데

치매까지 약간 와서 나를 못 알아보고
눈 한 번 껌벅이더니 돌아누우신다
만난 지가 벌써 반백 년인데
저렇게 변하실 수가 있을까

두 손을 다시 잡아보고 다리를 주물러드려도
두 눈만 껌벅거리신다

살다 살다가 그곳이 가까워지면
처음처럼 다시 낯설어지는가
서럽다 너무 서럽다

내가 사랑하는 희망이

내가 사랑하는 희망이
오른쪽 발을 절면서 돌아왔어
빈 도시락 안에는 저녁을 굶고
입맛만 다시는 젓가락 두 개가
밥 달라고 달그락거렸지
뿌연 탁주 한 잔으로 하루를 간신히 마감했지
갑옷처럼 무거운 작업복을 입은 채
방바닥에 쓰러진 채 코를 고는
희망의 두 손이 꽁꽁 얼었지
복숭아뼈엔 얼음이 자그락거리고
아랫목에 눕히고 이불을 덮어주었는데
얼마나 고단하고 괴로웠던가
작은 코에서
낡은 발동기 시동 거는 소리가 요란했었지
땀 솟는 이마에다 입맞춤하는데
가랑잎처럼 야윈 손에 움켜쥔
기름때 묻은 배춧잎 다섯 장
기름 냄새가 방안에 가득했었지

긴 겨울밤 내 희망이 마른 새우처럼
울면서 잠들고 있었지

버리는 연습

이제는 버려야 한다

내 주변에서 친한 것들
손때 묻은 것들을
하나하나 버려야 한다
오랫동안 정이 묻어 끈적거리는데
어느 것부터 먼저 버릴까
아까워서 선뜻 순서를 정할 수가 없다

큰맘 먹고 가까이 다가가면
저마다 옛정을 내세우면서
나를 빤히 우러러보는데
생전 처음 만난 것처럼 매정하게 고개를 돌려야 한다
아내와 버리기로 약속한 것이 벌써 몇 년째
나는 거짓말만 하고 산다
이제는 약속을 지켜야 한다

어느 것부터 두 눈을 감아야 하나

문청 시절 어머님 몰래 보리쌀 한 말 훔쳐서 산
우리 집에서 가장 두꺼웠던 한글사전 한 권
아버지한테 들켜 처음으로 회초리를 많이 맞았던
이 책부터 먼저 미련 없이 버리고
그다음에는 부끄러운 곳을 가려주던 고마웠던 옷을 버리고
사연이 아직도 살아 숨쉬는 편지를 버릴까

다음다음엔 아픈 추억을 어둠 속 깊이 파묻고
마지막으로 아름다운 이승을 어지럽게 한
내 발자국을 깨끗이 지워야겠지
그다음 그다음에는
뭣인가 버릴 것이 더 있을 것 같은데
틀림없이 있을 것 같은데

제4부

살구나무 아래

빈 터에 살구꽃이 다 떨어져도
그 사람은 오시지 않네
살구나무 꼭대기에
초승달 껴안고 주무시는가
큰소리로 불러도 대답이 없네

살구 꽃잎을 밟으면서
배부른 도둑고양이 한 마리
대나무숲으로 숨어버리고
만취한 바람은 내 마음도 모르고
더러운 발로 꽃잎을 밟고 가네

살구나무에 기대어 깜박 조는 사이
귀에 익은 발자국만 살짝 지나가셨나
살구꽃이 다시 피려면
또 한 해 삼백예순날
몸살을 앓아야 하네

내 고향은

내 고향은
두 눈을 감으면 잘 보인다

소나기 한참 쏟아질 때
봉선화 밑으로 엉금엉금 다가가는
두꺼비 두 눈도 보이고
가난한 장독대 뒤에 숨어서 핀
어린 채송화 젖꼭지도 보인다

내 고향은
멀리 멀어질수록 잘 보인다
해 질 무렵 어미 소 몰고 돌아오시는
아버지 검정 고무신 뒷굽
흰 헝겊으로 깁은 것도 보이고
성황당 나무에 칭칭 묶어놓은 금줄
비바람에 흔들리는 것도 보인다

내 고향은

두 눈을 감아야 잘 보인다
가까이 다가갈수록 멀어지고
멀어질수록 잘 보이는 내 고향은
배고플 때 제일 잘 보인다

백운동에서

내가 사는 구름마을 백운동에는
다리 아픈 세월이 하룻밤 쉬어가는 곳이다

아침이면 참새 소리에 잠이 깨어
맑은 햇빛으로 얼굴을 씻고
푸른 대나무 수저로 밥을 먹는 곳,
허기진 하루 고운 해가 넘어가면
산 그림자 등에 업혀
처마 밑에 등불을 달아야 한다

산은 첩첩 자작나무
흰 눈이 무릎까지 쌓이면
가난한 노루 가족들은
따뜻한 굴뚝에 기대어 꿈을 만들고

일주일에 한 번만 다녀가는 빨간 오토바이
집배원 아저씨는 어디쯤 오시나
녹슨 함석 간판

백운동마을 구판장 앞에서
한나절 쪼그리고 앉았더니
오래도록 오금이 펴지질 않는다

봄밤 자정에는

봄밤 자정에는
내 영혼이 돌아오는 시간이다

허리 아픈 육신을 아랫목에 눕혀놓고
빈 거리를 떠돌다가
소주 한 병으로 빈속을 채우고
검은 땅 위를 엉금엉금 기어서 돌아오고 있다

얼어붙은 영혼이 내 몸속으로 파고든다
따뜻한 몸을 두드리는
목마른 영혼의 긴 울음
헐벗은 육신을 혼자 남겨두고
어둠만 내리는 거리를 방황하던

봄밤은 자정인데
갈 곳 없는 내 영혼이
구멍 난 육신 앞에
두 무릎을 꿇고 흐느끼고 있다

족두리꽃

여우고개 외딴집에 사는 족두리꽃 아가씨가
내일이면 시집을 간다
새신랑은 밤나무골에 사는 부잣집 늑대 큰아들,
이제는 무서워서 못 가겠다고
울면서 매달려도 소용없는 일
가난한 아버지가 꼬박 사흘을 통사정을 했다
많은 식구에 굴 늑대 집에서
장리쌀 내다 먹고 못 갚은 것이
올가을이면 벌써 세 가마니라고
못난 애비를 맘껏 원망하라고 하셨다
간밤에는 사랑하는 고라니와 눈물로 이별했다
늑대 집에는 심술 많은 시누이가 셋이나 된다는데,
건너편 오솔길에 원수 같은
가마꾼 오는 소리가 들려온다
어떻게 하면 고라니 총각을 빨리 잊을 수 있을까
물거울에 비친 족두리를 다시 다듬는데
자주 고름이 벌써 축축이 젖었다

봉식 아제 결혼

호두나무골 외딴집에 팔십 노모와 함께 살던
마흔다섯 봉식 아제가
지난 토요일 낮에 결혼을 했다
밤나무골 행복예식장에서
너구리 영감을 주례로 모시고
대밭에 사는 산 어치 아가씨를 신부로 맞았다
다람쥐 남매가 신랑 신부에게 꽃다발을 안겨주고
꾀꼬리 어린이 합창단이 와서
상수리나무 위에서 축가까지 불렀다
첫날밤은 어치 가족들이 대나무밭에다
따뜻한 깃털을 모아 침대를 만들고
자작나무 높은 가지에 초승달을 매달아
꿈속 같은 신방을 환하게 밝혔다
산 어치 신부가 입을 가린 채
봉식 아제 귀에다 조용히 말했다
그동안 어머니 모시고
산전수전 고생도 많이 하셨으니
이제는 편히 누워 계셔요

이 소첩이 알아서 성심껏 모시겠어요
산 어치 신부의 말을 알아들었는지
봉식 아제의 닫힌 귀가 조금씩 팔랑거리었다
사람 냄새 나는 자식은 그만두고
깃털 가벼운 산 어치 남매만 낳아 잘 기르자고
둘이서 새끼손가락까지 걸었다
나는 산수유나무 뒤에 숨어
이 두 귀로 똑똑히 들었다

산을 머리에 이고

내 고향에서 제일 높은 산
백화산을 머리에 이고
할머니께서 서울역에 내리셨다
높고 무거운 산을 머리에 이고 오시느라
노루처럼 가는 목이 많이 불편해 보이셨다
땀에 젖은 무명저고리 밑에는
까만 포도알 두 개
오래된 젖무덤이 외롭고 슬펐다

할머니께서 이고 오신
백화산 포도작목반 종이 상자에서
내 귀에 익은 솔바람 소리가 시원하고
산골짜기에 흐르는 맑은 물소리에
정든 뻐꾹새 울음이 떠내려왔다
잿빛 산토끼 한 마리
낮잠에서 깨어나 두 귀를 쫑긋 세우고

백화산 포도 상자 안에서

묵은 김치 국물이 조금씩 밖으로 번져 나오고
참기름 냄새도 답답해서 못 참겠다고 고물거리었다
내일 모레는 입추
산을 머리에 인 등 굽은 할머니가
외롭고 낯선 찬비를 젖으면서
만나는 사람마다 붙들고
홍은동 가는 버스 타는 곳을 물으셨다

『심청전』을 읽는 밤

백운리마을에 눈 내리는 저녁
마을 아주머니들이 선산댁 안방으로
종종걸음 하나둘씩 모여들었다
선산댁은 행주치마에 물 묻은 손을 닦으며
높은 돋보기를 쓰고
어젯밤에 읽다만 『심청전』을 다시 펼치셨다
돌가루 종이에 콩기름까지 입힌 책을 펼치면
방안에는 파도 소리가 다시 일고
갈매기 떼가 날개를 파닥이며 슬피 울기 시작했다
남양 뱃사람들에게 팔려가는
심청이의 흐느낌도 들려오고
선산댁 입술에다 어두운 두 귀를 매단
아주머니들의 긴 옷소매 그림자가
창호지문에 여러 번 어른거리었다
온종일 메주 끓이느라고 추위에 떨었던
부잣집 막내며느리는 벌써부터
따뜻한 아랫목에서 졸고,
문틈으로 흘러나오는 책 읽는 소리를

봉당에 멍멍이도 알아듣는지 조용하기만 했다
처마 밑에 사는 참새들도 잠을 뒤척이는 밤
긴 수염이 무서운 할아버지 주무시는 아래채 사랑방에서
오래된 벽시계가 땡땡땡 열두 번을 치고 있다
선산댁이 돋보기를 벗으며 아쉽게 『심청전』을 덮으셨다
동네 아주머니들이 모두 돌아간 빈 마당
작은 발자국마다 심청이의 뜨거운 울음이
조금씩 잦아들고
밤 파도 소리도 어느새 그쳐
갈매기도 잠이 들었는지 조용하기만 했다

왼손에 대하여

요새 와서
왼손의 불평불만이 조금씩 늘어간다
오른손과 비교하는 버릇도 생겼다
밥을 먹을 때 숟가락과 젓가락은
오른손에만 맡기고
떨어진 밥 떼기는 자기한테 시킨다고 했다
왼손도 거룩한 입에다가
따뜻한 밥 한 술 올리는 게 소원이라고 했다
그때마다 무정한 오른손은 귀를 막았다
먼 옛날부터 내려오는 집안의 전통이라고 우겼다
화장실에서 휴지를 왼손에게 쥐게 하고
논둑을 깎을 때도
오른손은 시퍼런 낫을 잡게 하고
왼손에게는 위험하게 풀을 잡게 했다고
불평을 늘어놓기도 했다
새로 나온 5만 원짜리 종이돈을
오른손이 침까지 발라가면서 셀 때
밑에서 받치는 일만 시킨다고 투덜거렸다

아침에 무거운 비료포대를 지게에다 들어서 싣는데
오른손과 왼손이 함께 싣는 것을 보았다
오늘 낮 밭에서 넘어져 발목을 다쳤는데
두 손이 내 아픈 발목을 껴안고
함께 아파하는 소리를 들었다
왼손과 오른손이 손바닥을 맞대고 기도까지 하고
이런 모습을 볼 때마다
높은 곳에서 잘한다 잘한다 박수 소리가 들려왔다

자갈논에서 3

오늘은 자갈논 타작하는 날
이삭 팰 무렵 욕심을 부렸더니
태풍 때 반 이상이 쓰러졌지

무논에 누워 있는 벼를
꼬박 나흘 일으켜 세웠지
앞 줄 세 포기를 먼저 일으켜
젖은 가슴으로 끌어안고
다시 세 포기를 일으켜 세워
내 목숨보다 질긴 볏짚으로 묶었지

내 가는 허리는 밤마다 끊어졌다가
아침 해가 솟으면 다시 붙기를 며칠째,
큰 바람 한 번 지나가면
나처럼 잘 쓰러지는 게 벼농산데

진흙 논바닥에
패잔병처럼 쓰러진 벼 이삭을

백 날 천 날 묶어세운들 무엇 하나
굽은 허리 수술비도 모자라는데

찬비 내리는 아침

찬비 내리는 아침인데
참새들 아침밥인 싸래기를
어디에다 줘야 할까

흙 위에다 던져주는 것은
참새들에 대한 예의가 아니지
오늘따라 참새들이 보이지 않는다
한 벌뿐인 홑옷이
찬비에 젖을까 못 오는 걸까
아침 먹을 시간이 한참 지났는데
어디에서 비에 젖은 옷을 말리는가

배가 고프면 더 추운 법인데
그냥 들어올 수도 없고
주목나무 밑에 흩뿌려 두었다
나 혼자 따뜻한 안방으로 들어와서
낮잠을 즐기는데
자꾸만 미안한 생각이 들고

큰 죄를 짓는 것 같아서 괴로웠다

점심때가 지나 비도 그치고
참새들이 걱정이 돼 밖을 내다보니
고마워라 언제 벌써 와서
한 알도 안 남기고 다 먹고 가셨다

황간이용원에 가면

내가 사는 면소재지에는
이발관 하나 없는 빈촌
이발 한번 하자면 시내버스를 타야 한다

경부선 황간역 그 밑에 있는 작은 가게
황간이용원은 나의 단골 이발관
머리를 다 깎고 이발관 사장에게
누룩바위 시인 박운식의 안부를 물으니
다녀간 지 한참 되었다고 했다

약한 몸에 농사일에 바빠서
일 년에 서너 번밖에 못 온다고,
사장과 박 시인은 중학교 동창 친구
늦가을 첫눈이 오던 날
아프단 소식을 인편으로 전해 들었는데

지난가을에는 곶감을 두 동이나 깎았다는데
그 많은 것을 어떻게 다 팔았는지

황간이용원에만 가면
박 시인이 앉았던 의자에 내가 앉아서
그의 소식을 알아보고 집으로 돌아와야
가난한 내 잠이 편해지는 것 같았다

별 하나

내가 너무 가난해서
별 하나만
가슴속 깊이 숨겨두고 살았다

깨끗하고 맑고 밝은 별
나만의 별 하나
학교서 돌아와 허기질 때
보리쌀 소쿠리가 비었을 때
뒤란 우물 한 바가지 퍼마시고
빈 멍석 위에 누웠을 때
흐트러진 마음을 쓰다듬어주던

비록 반딧불이 정도의 빛이었지만
친구처럼 애인처럼 따라다니던 별
그 별을 지금 어디서 사나
서문사거리 어물전 좌판 위에서
눈 뜨고 도둑맞으면서 사느라고
목숨까지 잊어버리고 사느라고

내 별의 이름까지 잊고 살았다

누군가 내 별의 이름을
다시 한 번만 불러다오
오늘 밤은 내 별이
내가 부르는 소리를 듣고 꼭 달려올 것만 같다
사랑하는 이여 너도 내 옆에서
내 별의 이름을 한 번만 불러다오
내가 편히 잠들 수 있게

쇠고기라면

늦은 저녁에 먹는 라면은
검게 멍든 냄비에 끓여야 맛이 있다
가스레인지 푸른 불꽃에
한 사발의 맹물을 먼저 끓인 다음
하루의 허기를 달래줄
백 미터 긴 면발의 라면을 넣어야 한다
라면을 끓일 때마다
기름진 쌀밥을 맛본지 오래된
먹을 때마다 재사용하는 나무젓가락
부러진 숟가락에 미안해서
그만 두 눈을 가려야 한다
오늘 저녁엔 살찐 쇠고기라면인데
왜 이렇게 싱겁고 맛이 없을까
왕소금보다 열 배나 짜다는
눈물을 몇 방울이나 더 떨어뜨려야 하나
눈보라 치는 날 울며 떠난 그 사람은
뜨거운 가슴과 맨손으로도
쇠고기라면을 맛있게 끓였는데,

명주실보다 질긴 쇠고기라면이
너무 오랫동안 끓는다
잠깐 졸았을 뿐인데 찌그러진 냄비에
쇠고기라면은 어디로 가고
질기고 질긴 라면 두 가닥이
까맣게 타다 남은
희망 위에 얹혀 기다리고 있다

중독

이 세상에서 가장 슬픈 사람
나는 장미꽃 향기에 중독되었다
뒷산 밤나무 왼쪽 가지에 즐겨 앉는
산비둘기 새끼 배고파 우는 소리에 중독되었다

먼 곳에서 밤마다 나를 찾아오시는
우리 애인의 하이힐 소리에 중독되었다
아아, 나는 사십 년 전에 돌아가신
어머님의 모유에 중독되어
더 자라지 못하고
아직도 땅 위에 기어 다니고 있다

나는 밤이나 낮이나 꿈속에서
희망에 중독되고
절망에 중독되어
비 오는 거리를 비틀거리는 짐승
배고픈 고라니가 되었다

시인의 산문

정든 땅 언덕 위에
—가을 단상 몇 가지

시골에 있는 작은 직장에서 근무하다가 이십몇 년 전에 퇴직을 했다.

막상 그만두고 나니 별로 할 일이 마땅찮았다. 날이 갈수록 조금씩 초라해지고 멍멍해지기 시작했다. 친구들은 멀리 있었고 나만 이곳에 동떨어져 있는 것 같았다. 잠 못 이루는 날이 많아졌다. 어느 유행가 가사처럼 정든 땅 언덕 위에 조그마한 집이나 한 채 세우고, 세월의 물레방아나 돌리면서 살아가자 했었는데, 내가 너무 지나친 욕심이었다. 낮에는 들에서 곡식을 가꾸고 밤에는 그동안 밀린 책이나 읽으면서 시공부도 열심히 해보려고 명예퇴직까지 했었다. 여러 날 고민 끝에 다시 찾아간 곳은 내가 버려두었던 자갈논과 자갈밭이었다. 나는 지금 이곳에서 근 이십 년 넘게 잘 살아가고 있다. 나를 싫어하지 않고 기다려주었던 자갈들과 포근한 땅과 흙이 정말 고마웠다. 씨를 묻어놓고 조마조마 기다리고 싹이 돋으면 가꾸면서 정신없이 살고 있는데 올해도 가을이 찾아와서 이제 그만 내려가자고 한다. 벌써 콩잎이 누렇게 떨어지고 주홍색 감이 익어간다.

어느 날 저녁이었다. 내 일상생활을 가만히 들여다보았다. 내가 그 속에 갇혀 꼼짝 못하는 신세가 되어 있었다. 주경야독, 낮에는 땅을 파고 밤에는 책을 읽는다는 호사한 설계가 거짓말이 되어가고 있었다. 언제까지나 쇠스랑으로 땅을 파고 무거운 비료 망태를 짊어지고 살아갈 줄 알았다. 그러나 이제 몸은 점점 쇠약해지고 무거운 세월을 등에 지고 다니기엔 숨이 차다. 허리도 무겁고 퇴행성관절염이 점점 심해지고 있다. 무릎은 쑤셔서 오랫동안 쪼그려 앉아 있지를 못한다. 헛골에 주저앉아 호미질을 하고 잡초를 뽑아야 한다.

당초에 내가 그리던 그림은 하루하루 조금씩 바래가고 있었다.

어제는 붉은 팥 밭 땡볕 아래 비료포대 한 장 깔고 앉아 끌고 다니면서 아침나절 무성하게 자란 풀들을 다스렸다. 목장갑 낀 손으로는 바랭이를 뜯고 명아주와 피들은 낫으로 베어서 헛골에 깔았다. 지금은 풀을 죽이는 좋은 제초제들이 많이 개발되어 시판되고 있다. 끈질긴 생명력으로 되살아나는 잡초와의 전쟁에서 당장에는 이길 수도 있다지만, 허약한 내 등에 짊어진 분무기는 날이 갈수록 무거워진다. 왜 늙어감에 따른 노동력 저하의 계산에 넣지 않았던가. 내 꿈의 설계가 틀려도 많이 틀린 것을 뒤늦게 알게 되었다. 그렇다고 다시 주저앉을 수는 없는 일, 매일 아침 몸과 마음을 일으키고 달래면서 지금 여기까지 왔다. 밭에서 일을 하다 보면 본심을 다시 찾을 수가 있어서 나는 즐거웠다. 일을 다 마치고 뒤돌아보는 습관도 생겼다. 흐뭇하고 스스로 대견스러웠다.

산골에서 나 혼자 시를 공부한지 반백 년이 넘었다. 그동안 내 시의 고향에서 함께한 몇 가지 생각들을 다시 한번 둘러보았다. 오랫동안 계속되던 폭염도 사그라지고 밤에 잘 때는 창문을 닫아야 한다. 막상 여름이 간다고 생각하니 시원하기도 하고 다시 그립기도 하다.

1. 백화산을 바라보면서

맑고 밝은 날이면 북쪽 멀리 백화산 얼굴이 다가온다.

내가 백화산 품속을 떠난 것은 일곱 살 때다. 초등학교 일 학년 때 대구로 이사를 가게 되었다. 이삿짐이 실린 달구지 꼭대기에 앉아서 오도재(지금 수봉재)를 넘었다. 황간역에 도착했다. 그때 난생 처음으로 기차를 구경하게 되었다. 지금 사는 집에서 오십여 리, 자동차로 삼십여 분 달려가면 닿는 곳이다. 내가 태어난 곳은 상주시 모서면 가막리 마을이다. 백화산은 영동군과 상주시 경계에 있는 높고 푸른 산, 가난하고 초라하지만 내 꿈이 흰 구름 위에 머무는 곳이다. 산 밑 득수골에는 외갓집이 있었다. 어릴 때는 그곳에 가서 외할머니의 사랑을 많이 받아먹으면서 자랐다. 이제는 아무도 안 계신다. 모두 어디론가 떠나고 외할아버지와 외할머니만 백화산 그늘에 누워 계시는데 성묘를 못 한지 벌써 몇 년 되었다.

나는 먼 곳까지는 못 가고 불과 오십여 리 떨어진 충청도 영동 땅에서 칠십여 년 넘게 고향 백화산을 바라보면서 살고 있다. 집안 길흉대사에 못 갈 때도 많았다. 어쩌다가 추석 벌초 때나 가을 시제 때 가끔 가곤 했는데 자꾸만 낯설어져 갔다. 옛 모습 옛 사람들의 정다운 그림자와 목소리는 많이 떠나고 보이지 않는다. 밤이면 골목마다 도둑고양이만 숨어 다니는 조용하기만 한 시골이 되었다. 이제는 그곳이 점점 낯설고 고향 아닌 타향처럼 다가오기 시작한다. 하지만 아직도 내 어릴 때의 고운 꿈들이 그대로 대나무처럼 푸르게 살아 있어 하루에도 몇 번씩 그리운 곳이기도 하다.

내 고향은
두 눈을 감으면 잘 보인다

소나기 한참 쏟아질 때
봉선화 밑으로 엉금엉금 다가가는
두꺼비 두 눈도 보이고
가난한 장독대 뒤에 숨어서 핀
어린 채송화 젖꼭지도 보인다

내 고향은
멀리 멀어질수록 잘 보인다
해 질 무렵 어미 소 몰고 돌아오시는
아버지 검정 고무신 뒷굽
흰 헝겊으로 깁은 것도 보이고
성황당 나무에 칭칭 묶어놓은 금줄
비바람에 흔들리는 것도 보인다

내 고향은
두 눈을 감아야 잘 보인다
가까이 다가갈수록 멀어지고
멀어질수록 잘 보이는 내 고향은
배고플 때 제일 잘 보인다

―「내 고향은」 전문

그리울 때마다 시에 담아보지만 재주가 부족하기만 해서 백화산에게 미안하기만 하다. 높이가 구백 미터라던가. 그 정상에 한번 올라가서 먼 곳을 둘러보는 게 소원인데 이제는 많이 늦었다. 너무 늦었다. 올라갈 수가 없을 것 같다. 멀리 먼 곳에서 바라만 보고 그리워하는 처지가 되었다. 슬픈 일이다. 아픈 일이다.

2. 보리타작을 했다

팔백여 평 조금 넘는 밭이 한 뙈기 있다.

삼십여 년 홀로 지내시던 아버님께서 편찮으시어 산소 자리를 찾다가 장만한 밭이다. 산소를 마련하고 나니 나머지 빈 땅이 너무 넓었다. 어려운 농사를 짓기로 했다. 아내와 많이 싸우다가 내가 이겼다. 사방이 아닌 삼방이 산으로 둘러싸인 산중 밭이다. 밭 둘레에는 늙은 소나무와 아카시아, 뽕나무가 우거져 있다. 계절 따라 들꽃이 피고 지는 곳, 나는 여기에 반해서 겨울 말고는 매일 출근해서 열심히 근무(?)하고 있다. 봄이면 밭들머리에 연분홍 복사꽃이 환하게 피어서 나를 맞이하는 곳이다. 그 밑을 지날 때마다 너무나 황홀해서 밭주인한테 미안한 곳이다.

봄날 아침은 늘 즐겁기만 했다. 꽃이 질 때까지 나는 복사꽃 향기로 때 묻은 내 마음을 씻었다. 무릉도원은 못

되더라도 아름다운 풍경이 해마다 나를 못 떠나게 한다. 나는 넓은 밭에다 몇 차례 감나무를 심어보았지만 한 해 겨울을 지나고 나면 귀한 나무가 더러 얼어 죽었다. 지나가는 사람들을 붙들고 그 이유를 물어보면 땅이 나쁘고 거름기가 부족해서 그렇다고 했다. 질땅이라서 뿌리가 깊이 들어가지 못해 겨울이면 얼어 죽는다고 했다. 다른 밭보다 좀 싸게 산 까닭을 늦게사 알 게 되었다.

 몇 년 전부터 이곳에다 가을이 오면 보리를 두 골 심었다.

 양식으로 한다기보다 눈 내린 들판에 그 삭막함이 싫어서 초록이라도 보자고 심게 되었다. 지난달에는 두 골에서 스무 단을 베어 줄가리 쳐두었다가 도리깨로 두드렸다. 겉보리가 두 말이 좀 못 되게 나왔다. 들에서 타작하고 알곡만 집에 가져왔는데 아내는 내다보지도 않았다. 재작년과 작년에 타작한 묵은 보리도 그냥 있는데 그 햇보리를 어떻게 하면 좋으냐고 걱정까지 했다. 두 식구 사는 집에 보리차 끓이고 고추장 담글 때 필요한 엿기름 조금 기르면 그만인데 라고 못마땅해 했다. 나는 춥고 쓸쓸한 겨울에 푸른 보리밭이 그리워서 아내 몰래 씨를 뿌렸다. 보리가 누렇게 익을 무렵에는 보리밭 하늘 높이 나는 노고지리(종다리) 우는 소리가 듣고 싶어 심었는데 그녀는 내 간절한 마음을 조금도 몰라주는 것 같았다.

올가을에도 아내 몰래 보리 씨를 묻을 것이다. 보리 씨 한 바가지 준비해 가서 딱 두 골만 숨길 것이다. 겨울에는 아내가 밭에 올라오지 않으니까 모를 것이다. 초겨울이면 고마운 보리싹이 푸른 바늘처럼 올라오고, 한겨울이면 흰 눈을 덮고 새근새근 잠이 든 어린 싹이 보고 싶은 것이다. 땅떼기 하나 없이 많은 식구에 양식을 팔아먹었다. 해마다 농사철이면 곡식 가마니를 거두어들이는 이웃집 풍경이 이 세상에서 제일로 부러웠다. 매달 조금씩 받는 월급으로 살아가는 내 생활이 꼭 허공중에 뿌리 없이 떠 있는 소나무 같아서 언제나 불안하기만 했었다. 그래서 장만한 것이 값싼 자갈논이고 자갈밭이다. 그 땅에 심은 곡식들이니 내 작은 소망이 조금은 이루어진 것이 아닐까.

3. 오토바이 이야기

내게는 오토바이가 한 대 있다. 100cc 새 오토바이다.

4년 전에 쌀 열 가마니 거금을 주고 두 눈 딱 감고 구입했다. 전에 타던 것도 똑같은 크기 규모였는데, 25년 넘게 탔더니 펑크도 잘 나고 여러 곳에 고장이 잦아서 큰마음 먹고 새로 장만하게 되었다. 전에 것은 근무지가 집에서 삼십 리 멀어서 출퇴근용으로 장만하게 되었다. 직원들보다 일찍 출근해서 그날 업무 준비를 하고, 하루 일과

다 끝나면 마감까지 해놓고 퇴근하다 보니 일찍 출근하고 늦게 퇴근하는 게 일상이 되었다.

처음에는 자전거로 다녔는데 먼 길에 너무 힘이 들었다. 어려운 살림에 오토바이를 한 대 장만해놓으니 마음이 너무나 편했다. 시간도 조금씩 자유스러워지기 시작했다. 내 형편대로 출퇴근을 할 수 있어서 너무나 좋았다. 하지만 비 오고 눈이 많이 내리는 날은 속절없이 버스나 직원들 차에 신세를 져야 했다. 버스에서 내리면 차 가지고 있는 직원들이 나를 기다리고 있었다. 지금은 모두 옛날이야기가 되었다. 그때 나를 실어 나르던 분들에게 고맙다는 인사 한번 제대로 못하고 그만두었으니 미안하기만 하다.

퇴직한 뒤에도 오토바이는 더욱 가까운 친구가 되었다. 집에서 먼 오 리나 떨어진 논에 물꼬 보러 갈 때나 밭에 일하러 갈 때 언제나 함께 다녔다. 이제는 헤어질 수 없는 친한 친구가 되었다. 논에 쓸 비료를 실어 나르기도 하고 밭에서 딴 농산물을 집에까지 운반하기도 하는 농업용 오토바이가 되었다. 이곳 면소재지에는 없는 가게가 너무나 많아서 생활하기에 불편할 때가 더러 있다. 인근 면에 있는 이발관에 이발하러 갈 때나 아파서 동네의원이나 약방에 갈 때도 기다리는 일 없이 쉽게 함께 다녀올 수 있어서 빠르고 좋다.

휘발유 3천 원어치만 넣으면 일주일은 타고 다니니 고마운 친구다. 바퀴에 바람을 다시 넣고 엔진 오일을 한 번 갈아주는 날은 오토바이도 기분이 좋아서 부드럽게 잘 달리는 것을 내 느낌으로 알 수가 있었다. 이제 가을이 끝나면 몇 달 동안 오토바이와 나는 내년 봄까지 긴 휴가로 들어갈 것이다. 그는 내가 불러주기만을 기다릴 것이다. 오토바이와 나는 서로 떨어질 수가 없을 것 같다. 며칠 전에 이륜차 면허증을 갱신하였다. 나에게 있는 유일한 국가면허증이다. 자동차 제2종 면허증을 따려고 책까지 구해놓았는데 지금 생각하니 안 따기를 잘한 것 같다. 가난하게 사는 내가 언제 어디를 그렇게나 찾아갈 곳이 있었을 것인가. 지금 처마 밑에서 고단해서 코를 골며 자고 있는 저 친구를 아끼고 사랑해야만 한다. 나의 발이고 나의 일상이 이 친구의 등에 얹혀서 함께 산다. 그의 몸에 묻은 흙먼지를 오늘은 깨끗이 씻어줘야 하겠다.

4. 카세트 이야기

어느 날 큰며느리가 비싼 휴대용 카세트 하나를 보내왔다.

매일 밭에서 혼자 일을 하는 내가 심심할까 봐서 구해 보낸다고 했다. 아내가 아프기 전에는 두 사람이 한 골씩 잡고 나란히 앉아서 밭일을 했었다. 이런저런 가정사를 걱정하면서 일할 때는 시간 가는 줄 몰랐는데, 아내가 큰 수술을 몇 번 받은 뒤에는 나 혼자 밭에서 일하는 날이 점점 늘어나게 되었다. 농사라는 일이 똑같은 일을 쉬지 않고 몇 시간씩 반복에 반복을 되풀이하는 것이라 때로는 지루하고 따분할 때가 많다. 한 골을 다 끝내고 나면 허전하고 허탈하기만 했다. 심심하고 답답해서 작은 라디오를 하나 구해보았는데 난시청 지역이라 잡음만 잡히고 알아들을 수가 없었던 차에 좋은 카세트를 하나 갖게 되었다. 밭에 올라갈 때는 전날 미리 충전까지 해두었다가 다음 날 갈 때는 꼭 챙기는 필수품이 되었다.

  콩밭 골에 앉아서 카세트에서 흘러나오는 노래를 들으면서 부지런히 일을 했다. 햇볕이 따가운 날은 오전 서너 시간만 일을 하고 돌아왔다. 너무 큰소리도 말고 적당한 소리로 듣는다. 무덤 속에 계시는 어른께서도 들으실 것이다. 어머니 돌아가시고 오랫동안 홀로 지내시다가 돌아가셨다. 생전에 우리 가요를 무척 좋아하시었다. 조미미의 「바다가 육지라면」을 즐겨 부르시는 것을 몇 번 들은 기억이 난다. 밭골에서 내가 좋아하는 노래가 나오면 그 노래의 슬픈 주인공이 되어보기도 하고, 먼 바닷가에서 갈매기 우는 소리, 철썩이는 파도 소리를 들으면서 바랭이를 뜯었다. 그전보다는 일하는 것이 덜 고된 것 같았다.

> 감나무 가지에 카세트 하나 걸어두고
> 감자밭 장만하는데
>
> 젊은 감나무는 여가수의 목소리에 빠져
> 잎 새 한 장 흔들리지 않는다
>
> 쇠스랑으로 흙덩이를 깨우고
> 꽃 피는 봄을 파내다가
> 감나무와 카세트가 속삭이는 소리를
> 몰래 숨어서 들었다
>
> 늙은 자두나무에서
> 손자와 함께 사는 딱새 과부가
> 「흑산도 아가씨」를 따라 부르는
> 어느 봄날 아침이었다
> ─「감나무에 카세트 걸어두고」 전문

 술을 좋아하던 젊은 시절이 있었다. 친구들과 둘러앉아 젓가락 장단에 목청껏 함께 불러보던 「황성옛터」는 어디쯤에 있었던가. 내가 지금 있는 이곳이 그곳이 아닐까.

친구들이 생각이 나서 다시 그 이름을 불러 보지만 대답이 없다. 나 혼자만 밭고랑에 앉아서 호미로 풀과 싸우고 있다. 어쩌다 홍수 같은 세월에 떠내려와서 이곳에 걸리어 꼼짝 못 하고 산다. 따가운 햇볕이 쨍쨍 내리쬐는 콩밭, 몇 발자국만 더 가면 감나무 시원한 그늘이다. 조금만 참자, 더 참자. 산다는 것은 다 그렇고 그렇게 지나가는 것이다. 왜 새삼스레 감상에 젖느냐 애써 내가 나를 달랜다.

 감나무 그늘에서 물 한 모금 마시고 하늘을 우러러 볼 때도 가끔 있었다. 창호지처럼 얇은 흰 구름이 몇 장 머리 위에 떠 있었다. 나 지금 여기 검은 땅 위에서 짐승처럼 잘 기어 다니고 있다고 몇 자 적어 친구에게 전하고 싶은데 붓이 없는 것이다. 때로는 노랫소리에 너무 깊이 빠져 내가 슬픈 주인공이 되어보기도 하는데 어쩌면 그 사연이 내 처지와 그렇게나 비슷하게 맞아떨어지는지 나 혼자 피식 웃을 때도 있다. 카세트 속에서 쏟아지는 곡조 위에 오늘도 나의 하루가 저문다. 참나무 밑에서 기다리던 오토바이가 해 넘어간다고 빨리 집에 가자고 아까부터 보채고 있다.

 좋은 직장에서 근무하다가 퇴직한 지 이십여 년 세월이 롱페로우의 화살처럼 지나갔다.

 누군가에게 금쪽같이 비싼 세월을 도둑맞은 기분이다.

그동안 무엇을 하면서 어떻게 살았을까. 지금 내 손에 남아 있는 것은 아무것도 없다. 빈손뿐이다. 아들 셋 다 결혼시키고 나는 환갑이 지난 나이에 방송대학 국문과에 편입해서 2년 만에 졸업을 했다. 몇 년 뒤에 오랫동안 홀로 지내시던 아버님께서 돌아가셨다. 살아계실 때 좀 더 잘 모셨어야 했는데 가슴이 많이 아팠다. 매일 밭에 올라가면 성묘를 하는데 그 일이 무슨 소용이 있을까. 아들 셋 모두 객지에서 열심히 살고 있다. 아내는 조금씩 나아지고 있기는 하지만 한번 줄어든 몸무게는 회복되지 않는다. 그녀의 소원은 45kg인데 몇 년을 41~42kg을 벗어날 줄 모른다.

  아침마다 침대에서 일어나면서 다짐한다. 오늘도 열심히 살자! 착하게 살자! 당당하게 살자! 조용하게 살자! 즐겁게 살자! 를 외쳐보는 것이다. 어떻게 하면 깨끗하고 아름답게 살 수가 있을까? 늙을 수가 있을까? 어쩌다가 버스를 타거나 기차간에서 곱게 늙으신 어른들을 뵙게 되는데 나도 모르게 고개가 절로 숙여진다. 깨끗하게 살자면 먼저 욕심을 버려야 한다는데. 그런데 목숨이 붙어 있는 한 쉽게 버려지기가 어려운 것이 아니던가.

  이제는 버려야 한다

내 주변에서 친한 것들
손때 묻은 것들을
하나하나 버려야 한다
오랫동안 정이 묻어 끈적거리는데
어느 것부터 먼저 버릴까
아까워서 선뜻 순서를 정할 수가 없다

큰맘 먹고 가까이 다가가면
저마다 옛정을 내세우면서
나를 빤히 우러러보는데
생전 처음 만난 것처럼 매정하게 고개를 돌려야 한다
아내와 버리기로 약속한 것이 벌써 몇 년째
나는 거짓말만 하고 산다
이제는 약속을 지켜야 한다

어느 것부터 두 눈을 감아야 하나
문청 시절 어머님 몰래 보리쌀 한 말 훔쳐서 산
우리 집에서 가장 두꺼웠던 한글사전 한 권
아버지한테 들켜 처음으로 회초리를 많이 맞았던
이 책부터 먼저 미련 없이 버리고
그다음에는 부끄러운 곳을 가려주던 고마웠던 옷을 버리고

사연이 아직도 살아 숨쉬는 편지를 버릴까

　　다음다음엔 아픈 추억을 어둠 속 깊이 파묻고
　　마지막으로 아름다운 이승을 어지럽게 한
　　내 발자국을 깨끗이 지워야겠지
　　그다음 그다음에는
　　뭣인가 버릴 것이 더 있을 것 같은데
　　틀림없이 있을 것 같은데
　　　　　　　　　　　　　—「버리는 연습」 전문

　제일 먼저 버릴 것은 무엇이던가. 짧은 공부에 좋은 시 한 편을 생전에 남기겠다는 지나친 욕심도 버리고, 아이들에게 많이 남겨주고 싶은데 없어서 미안하다는 생각도 버리고, 혼자서 짝사랑만 하던 옛사랑 그림자를 가끔가다가 떠올리는 그 못된 버릇도 버리고, 창고와 책장에 꽂혀 있는 저 많은 책들도 미련 없이 버리고, 또 버리다 보면 내 주변이 좀 더 깨끗해지려나.
　아직도 갚아야 할 빚도 내겐 너무나 많아서 서둘러야 한다. 내가 어렵게 살 때 신세 진 직장의 고마운 사람들, 시공부할 때 절망하고 또 절망할 때 나를 일으켜준 사람들에게는 어떻게 다 갚아야 하나, 걱정이다. 큰 걱정이다. 지금이라도 열심히 공부해서 좋은 시 딱 한 편 만들어서 갚아야 하는데 나는 왜 자꾸만 작아지는 것이냐, 겁쟁이가 되어가는 것이냐.

넓은 들에 내 심정도 모르고 잘 자라는 흰콩과 서리태, 고추와 마늘, 들깨와 참깨, 감자와 고구마들, 도라지와 부추, 감나무와 호두나무, 매실나무와 대추나무에게도, 배나무와 복분자에게도, 고라니와 멧돼지 산토끼와 산비둘기, 뻐꾸기와 곤줄박이 박새와 참새 딱새 할미새한테도 지금까지 진 빚을 꼭 갚아야 하는데, 푸르고 푸른 시 한 편을 꼭 만들어야 하는데. 그래서 깨끗하고 아름답게 향기롭게 늙어가면서 살아야 하는데, 오늘도 콩밭에서 비료포대 한 장 깔고 앉아서 바랭이와 연애만 하고 있다. 이것도 모두 욕심에 들어가는 것이 아니겠느냐고 내가 내게 묻는다. 아아, 정든 땅 언덕 위에 판자집 한 채 짓고 남은 세월로 물레방아나 부지런히 돌리면서 조용히 살았으면 정말정말 좋겠다. 이것도 틀림없는 지나친 욕심일 것이다.

할미새한테서 전화가 왔다

2021년 10월 22일 초판 1쇄 펴냄

지은이 _ 박희선
펴낸이 _ 양문규
펴낸곳 _ 詩와에세이

신고번호 _ 제2017-000025호
주   소 _ (30021)세종특별자치시 조치원읍 충현로 159,
           상가동 107-1호
대표전화 _ (044)863-7652, 070-8877-7653
팩시밀리 _ 0505-116-7653
휴대전화 _ 010-5355-7565
전자우편 _ sie2005@naver.com
공 급 처 _ 한국출판협동조합
주문전화 _ (02)716-5616
팩시밀리 _ (031)944-8234~6

ⓒ박희선, 2021
ISBN 979-11-91914-05-4 (03810)

* 지은이와 협의하여 인지는 생략합니다.
* 이 책 내용의 전부 또는 일부를 재사용하려면 반드시 지은이와
  詩와에세이 양측의 동의를 받아야 합니다.
* 책값은 뒤표지에 표시되어 있습니다.
* 이 책은 충청북도, 충북문화재단의 후원으로
  문화예술육성지원사업의 일환으로 지원받아 발간되었습니다.